Sylvie Girard-Lagorce

CROQUE-MONSIEUR

W0270367

MINI
gourmands | SOLAR
EDITIONS

Sommaire

Introduction

Le croque-monsieur est un simple sandwich chaud, doré sur les deux faces. Il est composé de deux tranches de pain de mie beurrées, garnies de lamelles de gruyère et d'un morceau de jambon. La petite histoire de la cuisine française précise que le premier croque-monsieur fut servi en 1910, dans un café du boulevard des Capucines, à Paris. Le mot lui-même apparaît chez Marcel Proust en 1918, dans *À la recherche du temps perdu.*

Aujourd'hui, le « croque », comme on l'appelle familièrement, demeure un centenaire très branché, qui laisse place à de nombreuses variantes : on peut remplacer le jambon par de la volaille ou même du poisson, le gruyère par un autre fromage, et jouer aussi sur toute la gamme des légumes et des fruits. Il existe même des croque-monsieur sucrés, particulièrement appréciés au moment du goûter. Préparation typique des cafés et des snack-bars, le croque-monsieur constitue également un hors-d'œuvre chaud.

Le choix du pain est particulièrement important dans la réussite d'un croque-monsieur. La version classique fait appel à du simple pain de mie : qu'il soit blanc, complet ou aux céréales, il doit être de première fraîcheur. Mais vous pouvez varier les pains et les saveurs, en choisissant par exemple du pain de seigle, de campagne, ou encore des pains « exotiques » comme la *ciabatta* italienne, le muffin anglais, le bagel américain ou même la pita grecque. S'il existe des appareils de cuisson à croque-monsieur, une simple poêle ou le gril du four suffisent. Bon appétit !

Croque-monsieur traditionnel

Pour 4 personnes
Préparation : 15 min
Cuisson : 20 min

8 tranches de pain de mie blanc assez épaisses (10 à 12 cm de côté)

2 grandes tranches de jambon blanc pas trop fines

150 g de beurre ramolli

4 tranches de gruyère pas trop fines

• Beurrez légèrement chaque tranche de pain sur une face. Retaillez les tranches de gruyère à la dimension du pain. Coupez chaque tranche de jambon en deux, retirez la couenne et le gras.

• Sur 4 tranches de pain de mie beurrées, déposez 1 morceau de fromage, puis une demi-tranche de jambon. Recouvrez d'une autre tranche de pain, face beurrée contre le jambon.

• Dans une grande poêle, faites fondre la moitié du beurre restant. Faites dorer 2 croque-monsieur d'un côté, sur feu modéré. Retournez-les à l'aide d'une fourchette et d'une spatule. Égouttez-les sur du papier absorbant.

• Faites dorer l'autre côté en rajoutant éventuellement un peu de beurre. Placez ensuite ces 2 croque-monsieur dans le four à 80 °C, pour les garder bien chauds. Faites cuire les 2 autres de la même façon.

• Servez-les très chauds et bien croustillants : le pain ne doit pas être brûlé et le fromage doit être juste fondu.

Petit + *Accompagnez d'une petite salade verte légèrement assaisonnée.*
Vous pouvez remplacer le gruyère par des lamelles juxtaposées de fromages cuits, beaufort ou comté.

Croque-monsieur gratiné

Pour 4 personnes
Préparation : 20 min
Cuisson : 30 min

8 tranches de pain de mie blanc assez épaisses (10 à 12 cm de côté)

4 tranches très fines de jambon blanc

60 g de beurre ramolli

2 cuill. à soupe de fromage râpé (type gruyère)

4 fines tranches de fromage fondu

10 cl de lait demi-écrémé

10 g de farine

Sel et poivre du moulin

• Beurrez légèrement chaque tranche de pain sur une face. Sur 4 d'entre elles, déposez 1 tranche de fromage fondu et 1 tranche de jambon blanc pliée en deux. Recouvrez d'une autre tranche de pain, face beurrée contre le jambon. Réservez.

• Préchauffez le gril du four à 180 °C (th. 6).

• Préparer la béchamel : faites fondre 10 g de beurre dans une casserole, versez la farine et remuez vivement avec un fouet. Faites cuire 2 minutes sur feu doux, sans cesser de remuer. Lorsque le mélange est lisse, retirez la casserole du feu et versez doucement le lait en remuant. Remettez ensuite sur feu doux une dizaine de minutes, en remuant toujours. Salez et poivrez, incorporez le fromage râpé et mélangez sans laisser bouillir.

• Déposez les croque-monsieur sur la grille du four. Placez-les sous le gril de manière qu'ils dorent d'un côté, sortez-les, retournez-les, puis nappez-les copieusement de béchamel au fromage. Repassez-les sous le gril pendant quelques minutes pour faire gratiner, en veillant bien à ce que la sauce ne brunisse pas. Servez bien chaud.

Petit + *Pour gagner du temps, vous pouvez également utiliser une sauce Béchamel en brique ou surgelée.*

Croque-madame

Pour 4 personnes
Préparation : 20 min
Cuisson : 20 min

8 tranches de pain de mie complet assez épaisses (10 à 12 cm de côté)

4 fines tranches de jambon blanc

150 g de beurre ramolli

4 œufs

8 fines lamelles de beaufort ou de comté

• Beurrez généreusement chaque tranche de pain sur une face. Sur 4 d'entre elles, déposez 2 lamelles de fromage et 1 tranche de jambon blanc pliée en deux. Recouvrez d'une autre tranche de pain, face beurrée contre le jambon. Réservez.

• Préchauffez le four à 240 °C (th. 8).

• Sur le feu, faites fondre 25 g de beurre dans un plat à œufs rond de 30 cm de diamètre allant au four. Faites fondre le reste du beurre dans une petite casserole.

• Cassez les œufs un par un dans une assiette creuse, en prenant soin de ne pas percer le jaune. Lorsque le beurre commence à grésiller dans le plat, glissez-y délicatement les œufs et arrosez-les avec le beurre fondu. Laissez cuire 2 minutes sur le feu, puis enfournez en surveillant la coagulation du blanc.

• Pendant la cuisson des œufs, faites rapidement griller les croque-monsieur des deux côtés sous le gril ou dans un appareil à croque-monsieur. Dès que les jaunes commencent à miroiter, sortez le plat du four et découpez les œufs avec un emporte-pièce. Détachez-les à l'aide d'une spatule et déposez-les « au miroir » sur une face des croque-monsieur. Servez aussitôt.

Petit + *Vous pouvez aussi faire cuire les œufs sur le plat à la manière traditionnelle dans une petite poêle sur le feu.*

Croque-monsieur à l'ananas et au jambon à l'os

Pour 4 personnes
Préparation : 20 min
Cuisson : 10 min

8 tranches de pain de mie aux céréales assez épaisses (10 à 12 cm de côté)

4 tranches assez fines de jambon à l'os (ou de jambon braisé)

8 rondelles assez fines d'ananas au sirop léger

4 cuill. à soupe de sirop d'érable

1 cuill. à soupe de vinaigre de cidre

3 cuill. à soupe d'huile de maïs

• Faites griller au four ou au grille-pain très légèrement les tranches de pain de mie des deux côtés. Déposez-les côte à côte sur une grande planche. Réservez.

• Faites chauffer l'huile dans une grande poêle. Déposez-y les rondelles d'ananas égouttées et faites-les chauffer pendant 2 à 3 minutes en les retournant. Égouttez les rondelles et déposez-les dans une assiette. Recouvrez-les d'une seconde assiette retournée, afin de les maintenir au chaud.

• Déposez les tranches de jambon dans la poêle et faites-les cuire à leur tour. Retirez-les et tenez-les également au chaud.

• Préchauffez le gril du four à 180 °C (th. 6).

• Videz presque toute l'huile de la poêle et remettez-la sur le feu. Versez-y le sirop d'érable et le vinaigre. Portez rapidement à ébullition en remuant jusqu'à l'obtention d'une consistance sirupeuse.

• Étalez une partie de ce mélange sur 4 tranches de pain, déposez ensuite les rondelles d'ananas et le jambon. Recouvrez avec le reste du pain et passez rapidement les croque-monsieur sous le gril du four.

• Servez très chaud, après avoir arrosé les croque-monsieur de la sauce restante.

Croque-monsieur à la dinde et au guacamole

Pour 4 personnes
Préparation : 20 min
Cuisson : 15 min

8 tranches de pain de mie complet assez épaisses (10 à 12 cm de côté)

4 fines tranches de blanc de dinde

2 petits avocats bien mûrs

Le jus de ½ citron vert

1 gousse d'ail

2 cuill. à soupe de crème fraîche

1 cuill. à café de piment en poudre

2 cuill. à soupe d'huile de maïs

• Coupez-les avocat en deux, retirez le noyau et récupérez toute la pulpe. Mettez-la dans le bol d'un robot avec le jus de citron et le piment en poudre. Mixez rapidement, puis incorporez la crème fraîche.

• Pelez la gousse d'ail et laissez-la entière. Faites griller au four ou au grille-pain légèrement les tranches de pain de mie des deux côtés et posez-les à plat sur une grande planche à découper. Frottez-les avec la gousse d'ail, puis hachez-la et incorporez-la à la purée d'avocat.

• Tartinez une face de chaque tranche de pain de guacamole. Déposez sur 4 d'entre elles les tranches de blanc de dinde pliées en deux, puis recouvrez avec le reste du pain, face tartinée contre la dinde. Appuyez légèrement pour souder l'ensemble.

• Faites chauffer l'huile dans une grande poêle et déposez-y les croque-monsieur. Faites rissoler doucement sur les deux faces et servez aussitôt.

Petit + *Accompagnez d'une salade de tomates cerises à la coriandre.*

Croque-monsieur à la mortadelle

Pour 4 personnes
Préparation : 20 min
Cuisson : 5 min

8 grandes tranches de pain de mie blanc assez épaisses (10 à 12 cm de côté)

4 grandes tranches fines de mortadelle à la pistache

4 cornichons

2 cuill. à soupe de persil plat ciselé

2 cuill. à soupe de pistaches décortiquées

6 cuill. à soupe de ricotta

2 ou 3 cuill. à soupe d'huile d'olive

• Pilez grossièrement les pistaches dans un mortier, ajouter le persil, puis mélangez intimement cette préparation avec la ricotta.

• Retirez la peau de la mortadelle et émincez finement les cornichons.

• Humectez légèrement les tranches de pain de mie avec un peu d'huile sur les deux faces. Puis tartinez une face de chaque tranche de mélange à la ricotta. Déposez sur 4 d'entre elles la mortadelle pliée en quatre. Ajoutez les rondelles de cornichons.

• Confectionnez 4 sandwiches en posant sur chaque tranche garnie de mortadelle, une tranche de pain tartinée de ricotta, face tartinée contre le saucisson. Pressez légèrement pour bien souder.

• Déposez les croque-monsieur ainsi constitués sur la grille du four et faites cuire pendant 5 minutes à 220 °C (th. 7/8), jusqu'à ce que le pain commence à dorer. Sortez-les du four et dégustez aussitôt.

Petit + *À la place du pain de mie, vous pouvez aussi utiliser du pain spécial panini ou des petites ciabatta.*

Croque-monsieur au chorizo

Pour 4 personnes
Préparation : 25 min
Cuisson : 25 min

8 tranches assez fines de pain de campagne au levain à la mie dense

8 fines rondelles de chorizo doux

2 gros poivrons rouges

1 gousse d'ail

4 cuill. à soupe d'amandes effilées

6 cuill. à soupe d'huile d'olive

• Préchauffez le four à 220 °C (th. 7/8).

• Lavez les poivrons, essuyez-les et enfournez pendant 10 à 12 minutes, jusqu'à ce que la peau commence à noircir. Puis mettez-les dans un saladier, couvrez et attendez qu'ils refroidissent. Coupez les poivrons en deux, pelez-les, retirez les graines et hachez-les grossièrement. Passez-les rapidement au mixer avec 1 cuillerée à soupe d'huile d'olive et la gousse d'ail pelée. Réservez cette purée.

• Retirez la croûte des tranches de pain et retaillez-les en rectangles ou en carrés réguliers. Humectez-les avec l'huile d'olive sur une seule face. Posez-les sur une planche à découper, côté huilé au-dessus. Retirez la peau des rondelles de chorizo.

• Retournez les tranches de pain et tartinez-les de purée de poivrons à l'ail. Sur 4 d'entre elles, déposez les rondelles de chorizo. Recouvrez ensuite avec les tranches restantes, face tartinée de purée contre le chorizo. Saupoudrez le pain d'amandes effilées.

• Faites chauffer le reste d'huile dans une grande poêle, posez-y les « croque » et faites-les chauffer sur feu assez vif jusqu'à ce que le pain soit bien doré sur les deux faces. Égouttez-les sur du papier absorbant et servez aussitôt.

Petit + *Vous pouvez remplacer les amandes effilées par des pignons de pin grossièrement concassés.*

Croque-monsieur à la béarnaise

Pour 4 personnes
Préparation : 15 min
Cuisson : 20 min

8 tranches épaisses de pain de mie blanc assez dense (10 à 12 cm de côté)

4 grandes tranches de rôti de bœuf froides, très fines et saignantes

2 gros oignons doux

2 cuill. à soupe d'estragon frais finement ciselé

100 g de beurre

4 cuill. à soupe de sauce béarnaise

1 cuill. à soupe d'huile de maïs

Sel et poivre du moulin

• Faites chauffer l'huile dans une poêle. Ajoutez les oignons pelés et émincés très finement, puis faites-les fondre sur feu modéré en les remuant jusqu'à ce qu'ils deviennent translucides. Salez et poivrez. Égouttez-les bien.

• Beurrez très légèrement les tranches de pain de mie sur une face. Recoupez les tranches de rôti de bœuf en deux, dans la longueur. Répartissez la moitié de la compotée d'oignons sur 4 tranches de pain, du côté beurré. Déposez les lamelles de rôti par-dessus et nappez-les de sauce béarnaise. Parsemez d'estragon. Recouvrez du reste de compotée d'oignons et posez enfin la seconde tranche de pain de mie dessus, face beurrée contre la compotée d'oignons.

• Faites chauffer le reste de beurre dans une grande poêle et posez-y les « croque ». Laissez-les dorer une dizaine de minutes, en les retournant délicatement à mi-cuisson, à l'aide de 2 spatules. Servez sans attendre.

Petit + *Accompagnez d'une petite salade de mâche.*

Croque-monsieur au foie gras et aux figues

Pour 4 personnes
Préparation : 20 min
Cuisson : 30 min

8 grandes tranches de pain de mie aux céréales assez épaisses (10 à 12 cm de côté)

4 tranches de foie gras mi-cuit en terrine (8 x 6 cm environ)

8 figues violettes

4 cuill. à soupe de graisse de canard

4 cuill. à soupe de porto

Poivre noir

• Lavez et essuyez les figues. Coupez le pédoncule et retaillez-les en quartiers. Réunissez-les dans une casserole à fond épais, ajoutez le porto et faites chauffer en remuant, sur feu moyen, jusqu'à ce qu'elles commencent à se réduire en compote. Augmentez un peu le feu de façon que le liquide s'évapore et que les fruits caramélisent légèrement. Retirez du feu et égouttez cette petite compote. Réservez.

• Posez les tranches de pain à plat sur le plan de travail et étalez-y la compote de figues. Déposez les tranches de foie gras sur 4 morceaux de pain. Donnez 1 ou 2 tours de moulin à poivre. Posez les tranches de pain restantes par-dessus, en les renversant rapidement pour que la compote se trouve en contact avec le foie gras. Appuyez délicatement pour bien souder l'ensemble.

• Faites chauffer la graisse de canard dans une grande poêle. Déposez-y les « croque » au foie gras et laissez-les colorer pendant quelques minutes, retournez-les à l'aide de 2 spatules et faites-les dorer de l'autre côté. Dégustez aussitôt, avec une petite salade de chicorée frisée.

Petit + *Le tour de moulin à poivre noir sur les tranches de foie gras est indispensable pour bien en faire ressortir la saveur : vous pouvez même le remplacer par une pincée de piment d'Espelette.*

Croque-monsieur au poulet et au gouda

Pour 4 personnes
Préparation : 30 min
Cuisson : 25 min

8 tranches de pain de mie aux céréales

500 g de blancs de poulet crus, avec la peau

100 g de cresson

4 tranches de gouda au cumin

6 cuill. à soupe de mayonnaise

1 cuill. à café de concentré de tomates

3 cuill. à soupe d'huile de tournesol

Sel et poivre du moulin

• Lavez et essorez soigneusement le cresson, coupez les queues, hachez grossièrement les feuilles. Mélangez-les avec la mayonnaise et le concentré de tomate. Réservez.

• Retirez la peau des blancs de poulet. Taillez-les en languettes, aplatissez-les avec un rouleau à pâtisserie et faites-les rissoler 5 à 7 minutes dans un peu d'huile de tournesol en les retournant plusieurs fois. Salez et poivrez. Réservez.

• Faites ensuite rissoler les peaux jusqu'à ce qu'elles soient bien croustillantes. Posez 4 tranches de pain à plat sur le plan de travail. Tartinez-les avec la moitié du mélange à la mayonnaise. Répartissez par-dessus les languettes de peau croustillantes, puis les blancs émincés. Ajoutez le gouda, recouvrez avec le reste du mélange à la mayonnaise, puis posez enfin les tranches de pain restantes par-dessus. Appuyez légèrement pour bien souder.

• Faites chauffer le reste d'huile dans une grande poêle et posez-y les « croque » (vous pouvez procédez en deux fois). Faites-les dorer doucement pendant 8 à 10 minutes, en les retournant une fois. Servez aussitôt.

Petit + *Si vous utilisez des blancs de poulet déjà cuits, remplacez la peau par de fines lamelles de bacon grillées à sec dans une poêle antiadhésive.*

Croque-monsieur au serrano et au fromage de brebis

Pour 4 personnes
Préparation : 15 min
Cuisson : 8 min

8 grandes tranches de pain de mie complet

400 g de jambon serrano, taillé en très fines languettes

1 poignée de jeunes pousses d'épinards

1 gousse d'ail

200 g de fromage de brebis (manchego)

8 cuill. à soupe de purée de poivrons en pot

1 cuill. à café de vinaigre de Xérès

4 cuill. à soupe d'huile d'olive

• Lavez et épongez soigneusement les pousses d'épinards, hachez-les grossièrement en les mélangeant avec la gousse d'ail pelée et émincée. Assaisonnez le tout avec 1 cuillerée à soupe d'huile et le vinaigre.

• Retaillez éventuellement les languettes de jambon dans le sens de la longueur. Taillez également le fromage en lamelles, en prenant soin de retirer la croûte.

• Posez 4 tranches de pain de mie à plat sur le plan de travail et tartinez-les avec la moitié de la purée de poivrons. Répartissez par-dessus la salade précédente, puis ajoutez les languettes de jambon et le fromage.

• Tartinez une face des 4 tranches de pain restantes avec le reste de purée de poivrons et placez-les sur le dessus, côté tartiné contre la garniture. Appuyez légèrement pour bien souder.

• Faites chauffer le reste d'huile dans une grande poêle, posez-y les croque-monsieur et faites-les rissoler pendant 3 à 4 minutes de chaque côté. Égouttez-les sur du papier absorbant et servez aussitôt.

Petit + *Pour une saveur plus insolite, servez ce croque-monsieur avec un peu de pâte de coings (le condiment traditionnel du fromage de brebis dans la cuisine basque).*

Croque-monsieur aux saucisses de Francfort

Pour 4 personnes
Préparation : 25 min
Cuisson : 20 min

8 tranches de pain de seigle frais (de préférence carrées ou rectangulaires)

4 saucisses de Francfort

2 petits oignons nouveaux, avec du vert

1 bouquet de ciboulette

80 g de beurre

200 g de fromage de vache frais

5 cl de crème fraîche liquide (facultatif)

• Pelez et émincez très finement les oignons nouveaux en gardant le maximum de vert. Lavez, épongez et ciselez la ciboulette. Égouttez ou épongez le fromage frais et mélangez-le avec la ciboulette et les oignons, en écrasant le tout à la fourchette. Si le mélange est trop sec, ajoutez un peu de crème fraîche.

• Retirez la croûte des tranches de pain et retaillez-les éventuellement en forme carrée ou rectangulaire, si ce n'est pas déjà le cas.

• Versez 2 litres d'eau dans une casserole et portez à ébullition. Plongez-y les saucisses de Francfort, couvrez, retirez la casserole du feu et laissez pocher pendant 10 minutes.

• Pendant ce temps, tartinez les tranches de pain avec le mélange au fromage frais et faites chauffer doucement le beurre dans une grande poêle. Égouttez les saucisses et coupez-les rapidement en rondelles assez fines, en biseau. Garnissez la moitié des tranches de pain avec ces rondelles, recouvrez avec les tranches restantes, face tartinée contre les saucisses. Appuyez pour bien souder.

• Faites dorer les croque-monsieur dans la poêle pendant 6 à 8 minutes, en les retournant une fois. Servez aussitôt, avec éventuellement une salade de céleri rémoulade.

Petit + *Pour gagner du temps, vous pouvez remplacer la préparation au fromage frais par du Boursin® aux fines herbes.*

Croque-monsieur au jambon cru et au cantal

Pour 4 personnes
Préparation : 15 min
Cuisson : 10 min

4 grandes tranches de pain

300 g de jambon cru de montagne, en très fines tranches

1 petite poignée de pissenlit

1 échalote

100 g de cerneaux de noix

150 g de beurre

4 cuill. à soupe de crème fleurette

200 g de cantal

2 cuill. à soupe de moutarde douce

Sel et poivre du moulin

• Retirez la croûte des tranches de pain, coupez-les en deux, puis retaillez ces demi-tranches en grands carrés. Rangez-les à plat sur le plan de travail et beurrez-les sur la face visible.

• Concassez les cerneaux de noix, puis mélangez-les avec la crème et la moutarde. Étalez ce mélange sur les demi-tranches beurrées.

• Lavez, essorez et hachez le pissenlit, mélangez-le avec l'échalote pelée et finement ciselée. Déposez ce mélange sur 4 demi-tranches de pain. Répartissez ensuite le jambon, puis le cantal sur ces mêmes tranches. Placez les 4 autres tranches en couvercle, face tartinée contre le fromage.

• Faites fondre le reste de beurre dans une grande poêle, posez-y les croque-monsieur et faites-les dorer doucement pendant 6 à 8 minutes, en les retournant deux fois. Servez très chaud, avec éventuellement une petite salade de pissenlit assaisonnée selon votre goût.

Petit + *À la place du cantal, vous pouvez utiliser du fromage de brebis, tout simplement du beaufort ou du comté ou encore du saint-nectaire fermier, bien écroûté.*

Blinis en croque-monsieur au poisson fumé

Pour 4 personnes
Préparation : 20 min
Cuisson : 15 min

8 grands blinis de 12 à 15 cm de diamètre

4 grandes tranches de flétan fumé (ou de truite fumée)

Le jus de 1 citron

100 g de beurre

6 cuill. à soupe de crème fraîche épaisse

1 pot d'œufs de saumon

1 grosse cuill. à soupe de raifort râpé

1 cuill. à soupe de moutarde douce

• Dans un bol, mélangez intimement la crème fraîche épaisse, le raifort et la moutarde. Lorsque la préparation est homogène, ajoutez la moitié du jus de citron et mélangez à nouveau vivement à l'aide une fourchette. Réservez.

• Faites chauffer les blinis doucement, de préférence dans le four à 180 °C (th. 6), enveloppés dans du papier aluminium, pendant 8 minutes environ. Sortez-les du four et posez-les à plat sur le plan de travail.

• Beurrez légèrement les blinis sur la face visible. Étalez aussitôt la moitié de la préparation à la crème sur 4 d'entre eux, puis déposez une tranche de poisson fumé en la repliant éventuellement pour qu'elle ne dépasse pas du blini. Recouvrez du reste de préparation à la crème, puis posez les blinis restants par-dessus, face beurrée vers l'intérieur.

• Faites chauffer le reste de beurre dans une grande poêle et déposez-y les blinis garnis. Faites-les chauffer doucement pendant 5 à 6 minutes, en les retournant une fois. Servez-les aussitôt en déposant dessus 1 cuillerée d'œufs de saumon froids, arrosés de quelques gouttes de jus de citron.

Petit + *Au moment de la dégustation, pour apprécier un contraste de températures, qui fait ressortir la saveur du poisson fumé, accompagnez vos croque-monsieur de tzatziki.*

Croque-monsieur à la niçoise

Pour 4 personnes
Préparation : 25 min
Cuisson : 10 min

8 tranches de pain de campagne, pas trop épaisses

3 gousses d'ail

1 cuill. à café de zeste de citron

1 figue sèche

4 pélardons mi-affinés (fromages de chèvre en forme de palets)

150 g de filets d'anchois à l'huile

125 g d'anchois au sel

1 petit flacon de câpres

1 cuill. à café de vinaigre

4 cuill. à soupe d'huile d'olive

• Dessalez les anchois au sel en les rinçant abondamment, égouttez-les et épongez-les, ainsi que les anchois à l'huile. Pelez les gousses d'ail et coupez-les en deux (retirez éventuellement le germe). Coupez la figue en petits morceaux, en éliminant la queue.

• Préchauffez le gril du four à 220 °C (th. 7/8).

• Pilez tous ces ingrédients dans un mortier, ou passez-les au mixer, en ajoutant 1 cuillerée à soupe d'huile, le vinaigre et le zeste de citron.

• Égouttez, rincez et égouttez à nouveau les câpres. Écroûtez les tranches de pain et retaillez-les en forme rectangulaire. Faites-les toaster très légèrement de façon à raffermir la mie.

• Tartinez toutes les tranches de préparation aux anchois et posez-les à plat sur le plan de travail, face garnie vers le haut. Déposez un palet de fromage sur 4 d'entre elles, puis ajoutez les câpres. Posez les tranches restantes en couvercle, face tartinée contre les câpres. Appuyez légèrement pour bien souder.

• Humectez les « croque » ainsi constitués avec le reste d'huile et faites-les griller dans le four pendant 6 à 8 minutes en les retournant à mi-cuisson.

Petit + *Si vous ne trouvez pas de pélardons, utilisez des rocamadours ou des demi-crottins de Chavignol.*

Croque-monsieur à la brandade et aux olives

Pour 4 personnes
Préparation : 20 min
Cuisson : 6 min

8 tranches de pain de mie blanc

2 grosses tomates mûres

2 gousses d'ail

10 grosses olives noires

8 à 9 cuill. à soupe de brandade de morue

4 à 5 cuill. à soupe d'huile d'olive

• Dénoyautez les olives et hachez-les grossièrement. Pelez et hachez les gousses d'ail. Ébouillantez les tomates, rafraîchissez-les et pelez-les. Puis coupez-les en deux, retirez les graines avec une petite cuillère et taillez la chair en rondelles.

• Préchauffez le gril du four à 180 °C (th. 6).

• Humectez légèrement les tranches de pain sur une face avec la moitié de l'huile. Posez-les à plat sur le plan de travail, face huilée au-dessus. Tartinez-les de brandade. Déposez ensuite les olives, l'ail et les rondelles de tomates sur 4 tranches de pain. Placez les autres tranches en couvercle, face tartinée contre les tomates. Appuyez légèrement pour bien souder.

• Humectez la face externe des croque-monsieur avec le reste d'huile, puis passez-les sous le gril du four pendant 3 minutes de chaque côté. Servez aussitôt.

Petit + *Accompagnez d'une salade de tomates au basilic et à l'huile d'olive.*

Croque-monsieur au saumon et à l'aneth

Pour 4 personnes
Préparation : 15 min
Cuisson : 5 min

4 bagels nature ou au pavot

350 g de saumon fumé (en petites lamelles)

1 petit bouquet d'aneth frais

4 cuill. à soupe de ciboulette

4 carrés demi-sel

2 cuill. à soupe de crème fraîche épaisse

Poivre du moulin

• Vérifiez qu'il ne reste pas de petites arêtes dans les chutes de saumon fumé.

• Préchauffez le gril du four à 180 °C (th. 6).

• Mettez les carrés demi-sel dans un petit saladier, ajoutez la crème et mélangez pour assouplir la préparation.

• Lavez et épongez la ciboulette et l'aneth. Ciselez-les finement en éliminant les tiges de l'aneth. Ajoutez les herbes dans le saladier et mélangez intimement. Poivrez légèrement.

• Coupez les bagels en deux dans l'épaisseur et faites dorer chaque moitié sur ses deux faces sous le gril du four.

• Posez les moitiés inférieures des bagels sur un plat chaud. Tartinez-les rapidement de la préparation au fromage frais. Répartissez les lamelles de saumon fumé par-dessus et placez les moitiés supérieures en couvercle. Dégustez aussitôt.

Petit + *On peut remplacer le saumon fumé par du thon fumé et ajouter des petites queues de crevettes roses hachées dans le mélange au fromage frais. On peut également remplacer la crème fraîche par du tarama.*

Croque-monsieur au thon et à la moutarde

Pour 4 personnes
Préparation : 25 min
Cuisson : 16 min

4 grandes tranches de pain

250 g de haricots verts extrafins

16 olives noires

400 g de thon à l'huile

6 cuill. à soupe de mayonnaise

4 cuill. à soupe de moutarde à l'ancienne

• Faites cuire les haricots verts dans de l'eau bouillante salée, de manière à les garder croquants. Égouttez-les, rafraîchissez-les, puis égouttez-les à nouveau et coupez-les en petits tronçons. Dénoyautez les olives noires et hachez-les grossièrement. Réservez.

• Mélangez intimement la mayonnaise et la moutarde. Égouttez le thon à l'huile (en réservant l'huile de conservation) et passez-le rapidement au mixer pour le réduire en purée. Mélangez le thon mixé avec la préparation précédente.

• Préchauffez le gril du four à 180 °C (th. 6).

• Retirez la croûte des tranches de pain, coupez-les en deux et retaillez les demi-tranches en carrés ou en rectangles. Posez-les à plat sur le plan de travail, badigeonnez-les avec l'huile de conservation du thon, puis retournez-les. Tartinez-les de préparation au thon.

• Sur 4 demi-tartines, répartissez les haricots verts et les olives noires. Posez les autres tartines par-dessus, face garnie contre les haricots verts. Appuyez légèrement pour bien souder.

• Rangez les sandwiches ainsi constitués sur la grille du four et passez-les sous le gril pendant 3 minutes de chaque côté.

TUNA

Croque-monsieur aux sardines

Pour 4 personnes
Préparation : 15 min
Cuisson : 15 min

4 ciabattina (pains plats italiens)

4 cuill. à soupe de persil plat ciselé

150 g de beurre demi-sel

4 œufs

2 boîtes de sardines à l'huile (2 douzaines de sardines)

4 cuill. à soupe de purée de tomates

• Faites cuire les œufs pendant 10 minutes dans une casserole d'eau bouillante salée. Rafraîchissez-les, puis écalez-les. Réservez.

• Faites ramollir le beurre en le travaillant en pommade.

• Égouttez les sardines, mettez-les dans un saladier et ajoutez le persil et la purée de tomates. Mélangez en écrasant grossièrement le poisson.

• Préchauffez le gril du four à 180 °C (th. 6).

• Ouvrez les pains en deux. Tartinez l'intérieur des tranches de la moitié du beurre. Garnissez ensuite de mélange aux sardines.

• Coupez les œufs durs en rondelles et ajoutez-les dans les pains. Refermez-les, puis tartinez l'extérieur avec le reste du beurre.

• Passez-les sous le gril du four jusqu'à ce qu'ils soient bien dorés, surtout sur la partie supérieure. Retournez-les une fois.

Petit + *La ciabattina est une « petite » ciabatta, idéale pour une personne. On en trouve dans les grandes surfaces ou dans les magasins de produits surgelés. À défaut, utilisez des tranches de pain de mie assez épaisses.*

Croque-monsieur aux poivrons rôtis

Pour 4 personnes
Préparation : 25 min
Cuisson : 1 h

8 grandes tranches de pain de mie blanc assez épaisses (10 à 12 cm de côté)

3 poivrons rouges

2 petites tomates

Le jus de 1 citron

2 oignons

12 olives noires

180 g de feta

1 cuill. à soupe de câpres

1 cuill. à café de graines de cumin

6 cuill. à soupe d'huile d'olive

Sel et poivre du moulin

• Préchauffez le four à 240 °C (th. 8). Sur la tôle du four tapissée de papier d'aluminium, rangez les oignons, les poivrons et les tomates, sans les couper. Retirez les tomates au bout de 15 minutes de cuisson, laissez-les refroidir légèrement, puis coupez-les en quartiers et pelez-les. Pilez-les grossièrement dans un grand mortier.

• Faites rôtir les poivrons 15 minutes de plus en les retournant une fois. Sortez-les et mettez-les dans un saladier. Couvrez hermétiquement pendant 10 minutes, puis pelez-les, épépinez-les et coupez-les en morceaux. Ajoutez-les aux tomates et continuez à piler.

• Laissez les oignons rôtir pendant encore 20 minutes, puis sortez-les, pelez-les et coupez-les en quartiers. Ajoutez-les aux autres légumes et pilez à nouveau. Incorporez les câpres, les olives dénoyautées et pilez plus énergiquement en versant le jus de citron et la moitié de l'huile d'olive. Salez, poivrez et ajoutez le cumin. Mélangez bien.

• Posez les tranches de pain à plat sur le plan de travail et tartinez-les copieusement de cette préparation. Sur 4 d'entre elles, ajoutez le fromage émietté, puis recouvrez avec les autres tranches, face garnie contre le fromage. Humectez les « croque » avec le reste d'huile sur les deux faces et faites-les griller dans le four pendant 7 à 8 minutes en les retournant une fois. Servez aussitôt.

Petit + *Vendue en tranches ou en cubes bien blancs, la feta grecque est traditionnellement utilisée dans les mélanges de légumes méditerranéens.*

Croque-monsieur au roquefort et au céleri

Pour 4 personnes
Préparation : 20 min
Cuisson : 10 min

8 grandes tranches de pain de mie complet ou de pain de seigle

2 petites tranches de pain de mie

4 branches de céleri bien tendres

250 g de cerneaux de noix

Le jus de 1 citron

2 gousses d'ail

80 g de beurre

150 g de roquefort

Sel et poivre du moulin

• Retirez la croûte des petites tranches de pain de mie, mettez-les dans une assiette creuse, arrosez d'eau et laissez tremper pendant 5 minutes. Pilez soigneusement les noix pour les réduire en poudre. Pelez et hachez les gousses d'ail.

• Réunissez dans le bol d'un mixer le pain essoré, l'ail, les noix pilées et le jus de citron. Salez et poivrez. Mixez rapidement en ajoutant éventuellement un peu d'eau pour obtenir une sorte de crème. Salez et poivrez à nouveau.

• Faites griller rapidement les tranches de pain de mie complet sur une face dans un toasteur. Posez-les à plat, face toastée vers le haut, sur le plan de travail. Tartinez-les avec la préparation précédente.

• Effilez et hachez très finement les branches de céleri. Émiettez le roquefort. Répartissez ces ingrédients sur 4 tranches de pain. Placez les autres en couvercle, farce tartinée contre la garniture. Beurrez les faces non grillées des sandwiches ainsi obtenus et faites-les chauffer doucement dans une grande poêle jusqu'à ce qu'ils soient dorés. Égouttez-les sur du papier absorbant et servez.

Croque-monsieur aux champignons et au morbier

Pour 4 personnes
Préparation : 20 min
Cuisson : 10 min

8 grandes tranches de pain de mie aux céréales

8 champignons de Paris bien fermes et bien blancs

Le jus de ½ citron

2 échalotes

10 brins de ciboulette

2 cuill. à soupe de cerfeuil ciselé

2 cuill. à soupe de persil plat ciselé

180 g de beurre

1 jaune d'œuf extra frais

4 tranches régulières de morbier, sans croûte

1 cornichon

Sel et poivre du moulin

• Ciselez la ciboulette et mélangez-la avec le cerfeuil et le persil. Pelez et hachez finement les échalotes. Hachez également le cornichon. Coupez 60 g de beurre en morceaux et mettez-les dans le bol d'un mixer, ajoutez les herbes, les échalotes, le cornichon, salez et poivrez.

• Mixez pendant 2 minutes, puis ajoutez à nouveau 60 g de beurre et le jaune d'œuf. Mixez encore 2 minutes en arrêtant deux fois pour décoller le beurre des parois du récipient. Réservez au frais.

• Préchauffer le four à 180 °C (th. 6).

• Parez les champignons en coupant les queues. Émincez finement les chapeaux et citronnez-les légèrement pour les garder bien blancs. Posez les tranches de pain de mie à plat sur le plan de travail.

• Tartinez toutes les tranches sur une face avec le beurre composé. Déposez ensuite sur 4 d'entre elles les champignons et le morbier. Placez les 4 autres tranches en couvercle, face tartinée contre la garniture. Appuyez légèrement pour bien souder.

• Beurrez légèrement l'extérieur des croque-monsieur avec le reste de beurre frais et faites-les griller dans le four pendant une dizaine de minutes, en les retournant à mi-cuisson.

Croque-monsieur d'aubergines au pesto

Pour 4 personnes
Préparation : 25 min
Cuisson : 30 min

8 grandes tranches de pain de mie blanc assez épaisses

750 g d'aubergines longues bien fermes, de taille moyenne

1 citron

2 gousses d'ail

4 fines tranches de fromage fondu

1 cuill. à soupe de graines de sésame

4 cuill. à soupe de pignons de pin

1 petit bocal de pesto vert de 60 à 80 g

10 cl d'huile d'olive

Sel et poivre du moulin

• Préchauffer le gril du four à 210 °C (th. 7).

• Lavez et essuyez les aubergines, incisez-les en plusieurs endroits avec un couteau pointu et placez-les sur la plaque du four, tapissée de papier d'aluminium. Glissez-les sous le gril et faites-les cuire une vingtaine de minutes, en les retournant de temps en temps, jusqu'à ce qu'elles soient bien tendres.

• Sortez les aubergines du four et laissez-les tiédir, puis pelez-les et placez la chair dans une passoire. Écrasez-la grossièrement avec le dos d'une cuillère pour que le jus s'en écoule.

• Passez au mixer la chair des aubergines avec les gousses d'ail pelées, les graines de sésame, le jus et le zeste râpé du citron. Salez et poivrez, puis incorporez la moitié de l'huile. Mixez à nouveau.

• Tartinez les tranches de pain d'une mince couche de pesto bien égoutté. Ajoutez ensuite une couche de caviar d'aubergine, puis, sur quatre d'entre elles, une tranche de fromage fondu.

• Faites rapidement griller à sec les pignons de pin en les remuant sans arrêt jusqu'à ce qu'ils soient juste dorés. Déposez-les sur le fromage, puis recouvrez avec les tranches tartinées, en les retournant contre la garniture.

• Humectez les sandwiches ainsi formés avec le reste d'huile d'olive et faites-les griller dans le four en les retournant une fois, ou bien dans une grande poêle sur feu assez doux. Servez aussitôt.

Croque-monsieur oignons-tapenade

Pour 4 personnes
Préparation : 15 min
Cuisson : 10 min

4 tranches de pain multicéréales

Le jus de 1 citron

2 gros oignons doux

4 cuill. à soupe de menthe fraîche ciselée

5 fonds d'artichauts en boîte

350 g de haricots blancs en boîte

1 pot de tapenade noire ou verte

4 cuill. à soupe d'huile d'olive

Sel et poivre du moulin

• Égouttez et épongez les fonds d'artichauts. Égouttez, rincez, puis égouttez à nouveau les haricots. Passez le tout au mixer en ajoutant le jus de citron, 2 cuillerées à soupe d'huile et la menthe. Salez et poivrez. La préparation doit être assez épaisse.

• Pelez et émincez les oignons le plus finement possible. Retirez la croûte des tranches de pain, coupez-les en deux et retaillez les demi-tranches en rectangles ou en carrés.

• Tartinez les demi-tranches de tapenade. Ajoutez ensuite une couche de préparation aux haricots. Déposez les oignons ciselés sur 4 d'entre elles, puis refermez les sandwiches avec les tranches restantes, face tartinée contre les oignons. Humectez d'huile les deux faces des sandwiches ainsi constitués.

• Faites chauffer les « croque » dans une grande poêle, jusqu'à ce qu'ils soient dorés et croustillants, ou bien passez-les sous le gril du four, en les retournant à mi-cuisson.

Petit + *Vous pouvez préparer votre tapenade vous-même : pilez soigneusement 2 cuillerées à soupe de câpres égouttées avec 250 g d'olives dénoyautées, 1 cuillerée à café de thym frais et 3 cuillerées à soupe d'huile d'olive. Évitez d'y ajouter des anchois, comme dans la recette traditionnelle.*

Croque-monsieur au parmesan

Pour 4 personnes
Préparation : 15 min
Cuisson : 10 min

8 grandes tranches de pain de mie blanc assez épaisses

2 gousses d'ail

1 cuill. à café de thym frais haché

20 olives noires

200 g de parmesan en bloc

15 tomates séchées à l'huile

1 cuill. à café rase de piment rouge séché en miettes (ou de piment d'Espelette)

12 cl d'huile d'olive

• Égouttez les tomates séchées. Pelez les gousses d'ail et coupez-les en deux. Dénoyautez et hachez grossièrement les olives. Placez le tout dans le bol d'un mixer et réduisez rapidement en purée épaisse. Incorporez petit à petit 4 ou 5 cuillerées à soupe d'huile en mélangeant intimement, puis ajoutez le piment et le thym.

• Préchauffez le gril du four à 180 °C (th. 6).

• Humectez d'huile les tranches de pain et posez-les sur le plan de travail, côté huilé au-dessus. Répartissez la préparation précédente sur les tranches de pain.

• Prélevez des copeaux de parmesan à l'aide d'un couteau économe. Répartissez-les sur 4 tranches de pain, puis recouvrez-les avec les tranches restantes, face garnie contre le fromage. Humectez l'extérieur des sandwiches avec le reste d'huile.

• Faites griller les « croque » sous le gril du four, en les retournant à mi-cuisson, jusqu'à ce qu'ils soient bien dorés.

Petit + *Pour avoir une réserve de pesto rouge sous la main, doublez ou triplez les proportions et conservez-le dans un bocal au réfrigérateur, en prenant soin de verser sur le dessus une fine couche d'huile d'olive.*

Croque-monsieur poires et gorgonzola

Pour 4 personnes
Trempage : 15 min
Préparation : 15 min
Cuisson : 12 min

8 tranches de pain de mie

2 grosses poires

Le jus de ½ citron

2 gousses d'ail

6 noisettes

1 cuill. à soupe de pignons de pin

180 g de gorgonzola

50 g de beurre ramolli

1 cuill. à soupe de petits raisins secs sans pépins

3 cuill. à soupe de chapelure

1 cuill. à café de paprika

2 cuill. à soupe de vinaigre de Xérès

4 cuill. à soupe d'huile d'olive

Sel et poivre du moulin

• Faites tremper les raisins secs dans de l'eau chaude pendant 15 minutes. Pelez les gousses d'ail et coupez-les en morceaux. Faites griller rapidement à sec les noisettes entières et les pignons de pin.

• Passez au mixer les raisins secs égouttés, l'ail, les pignons de pin et les noisettes en ajoutant la chapelure, le vinaigre, le paprika et l'huile d'olive. Salez et poivrez. La préparation doit être assez épaisse et onctueuse.

• Pelez les poires, coupez-les en deux, retirez le cœur et les pépins. Détaillez les demi- poires en lamelles et citronnez-les. Émiettez grossièrement le gorgonzola.

• Posez les tranches de pain à plat sur le plan de travail, tartinez-les de préparation aux fruits secs. Sur 4 d'entre elles, répartissez les lamelles de poires, puis le gorgonzola. Refermez les « croque » à l'aide des 4 tranches restantes, face tartinée contre le fromage.

• Appuyez légèrement pour bien souder, puis beurrez les faces extérieures des croque-monsieur. Faites-les dorer dans une grande poêle pendant une petite dizaine de minutes, en les retournant à mi-cuisson. Servez bien chaud.

Croque-monsieur italien à la sauce verte

Pour 4 personnes
Préparation : 15 min
Cuisson : 10 min

4 ciabattina (pains plats italiens)

4 belles tomates mûres

1 petite poignée de feuilles de roquette

2 gousses d'ail

12 feuilles de basilic

1 petit bouquet de persil

2 cuill. à soupe de jus de citron

2 boules de mozzarella de bufflonne

12 cl d'huile d'olive

Sel et poivre du moulin

• Pelez les gousses d'ail et écrasez-les au pilon dans un mortier avec un peu de sel. Ajoutez le basilic, les feuilles du bouquet de persil, ainsi que la roquette, et continuez à piler en ajoutant le jus de citron, puis 5 à 6 cuillérées d'huile d'olive, de manière à obtenir une purée verte facile à tartiner.

• Ouvrez les ciabattina en deux. Lavez les tomates et essuyez-les, puis détaillez-les en rondelles régulières. Égouttez la mozzarella et coupez-la en tranches assez fines.

• Préchauffez le gril du four à 180 °C (th. 6).

• Garnissez l'intérieur des pains de purée verte, sur les deux faces. Ajoutez ensuite les rondelles de tomates et les tranches de mozzarella. Donnez un tour de moulin à poivre sur le fromage.

• Refermez les pains et badigeonnez-en l'extérieur avec le reste d'huile d'olive. Passez-les sous le gril du four jusqu'à ce qu'ils soient bien chauds et que la mozzarella commence à fondre. Servez aussitôt.

Petit + *Si vous ne trouvez pas de ciabattina, utilisez du pain de mie blanc ou du pain italien à la mie blanche et très dense.*

Croque-monsieur au cheddar et au chutney d'ananas

Pour 4 personnes
Préparation : 20 min
Cuisson : 30 min

8 grandes tranches de pain de mie complet assez épaisses

100 g d'oignons

1 grosse pomme à cuire

50 g de beurre

8 fines tranches de cheddar

200 g d'ananas en boîte

100 g de raisins secs

1 cuill. à café de gingembre râpé

2 cuill. à café de graines de coriandre

5 cuill. à soupe de vinaigre de cidre

Sel et poivre du moulin

• Pelez la pomme et taillez-la en petits dés. Pelez et hachez les oignons. Égouttez et hachez l'ananas. Mettez ces ingrédients dans une jatte, puis ajoutez les raisins secs et le vinaigre. Couvrez et faites chauffer dans un four à micro-ondes pendant 6 minutes à puissance maximale (800 W), en remuant une fois.

• Ajoutez le gingembre, la coriandre, salez et poivrez. Remettez dans le four à micro-ondes à la même puissance pendant 12 minutes, en remuant deux fois. Laissez reposer pendant quelques heures à température ambiante.

• Tartinez de chutney toutes les tranches de pain. Sur 4 d'entre elles, placez les tranches de cheddar. Posez les autres tranches tartinées en couvercle, face garnie contre le fromage, puis beurrez légèrement les faces externes des croque-monsieur.

• Faites chauffer les « croque » doucement dans une poêle sur feu modéré pendant une dizaine de minutes, en les retournant une fois. Servez aussitôt.

Petit + *Pour une variante plus rapide, remplacez le chutney d'ananas par du chutney de mangue du commerce.*

Mondial

Photographies et stylisme : Bernard Radvaner

Direction éditoriale : Corinne Cesano
Édition : Candice Roger
Direction artistique : Vu Thi
Graphisme et suivi artistique : Julia Philipps
Mise en page : APS/Chromostyle
Photogravure : APS/Chromostyle
Fabrication : Laurence Ledru-Duboscq

ISBN : 978-2-263-06282-7
Code éditeur : S06282
Dépôt légal : août 2013
Imprimé en Chine par Leo Paper

Solar | un département place des éditeurs